청사초롱이랑 꽃상여랑
관혼상제 이야기

글 **햇살과나무꾼**

햇살과나무꾼은 어린이책을 사랑하는 사람들이 모여 만든 기획실로, 세계 곳곳에 묻혀 있는 좋은 작품을 찾아 우리말로 소개하고 어린이의 정신에 지식의 씨앗을 뿌리는 책을 집필하고 있습니다. 지금까지 쓴 책으로는 《마루랑 온돌이랑 신기한 한옥 이야기》《민들레 씨앗에 낙하산이 달렸다고?》《우리 나라가 보여요》들이 있고, 옮긴 책으로는 《요술 나뭇잎》《찾았다, 곤충의 집!》《프린들 주세요》들이 있습니다.

그림 **박지훈**

추계예술대학에서 동양화를 전공했고 《어멍 어디 갑수광?》으로 2001년 출판미술대전 은상을 받았습니다. 지금까지 어린이책 《고무신 기차》《똥떡》《홀로 서서 가는 길》《백두산으로 날아간 된장 잠자리》《나는 주워 온 아이인가 봐》《우리 누나 시집 가던 날》《빛나는 우리 발명품》 들에 그림을 그렸습니다.

옛 물건으로 만나는 우리 문화 10

청사초롱이랑 꽃상여랑 관혼상제 이야기

초판 1쇄 발행 2008년 4월 30일 | 초판 8쇄 발행 2017년 9월 10일
글쓴이 햇살과나무꾼 | **그린이** 박지훈 | **펴낸곳** 해와나무 | **펴낸이** 박선희 | **편집** 방일권 | **디자인** 나비
마케팅 이택수 | **출판 등록** 2004년 2월 14일 제312-2004-000006호
주소 서울특별시 영등포구 양산로23길 17 2층 | **전화** (02)362-0938, 7675 | **팩스** (02)312-7675
ISBN 978-89-91146-98-3 74380
　　 978-89-91146-19-8 (세트)

ⓒ 햇살과나무꾼, 박지훈 2008

- 값은 뒤표지에 있습니다.
- 책 내용의 일부 또는 전부를 인용하거나 발췌하려면 반드시 저작권자와 출판사 양측의 서면 동의를 구해야 합니다.
- 해와나무 도서 판매 수익금의 일부는 한우리봉사단과 아름다운재단 등에 기부되어 소외 아동과 청소년을 위해 사용됩니다.

```
KC  제조자명: 해와나무  제조국명: 대한민국  제조년월: 2017년 9월 10일  대상 연령: 8세 이상
    전화번호: 02-362-0938  주소: 서울특별시 영등포구 양산로23길 17 2층
    *KC마크는 이 제품이 공통안전기준에 적합하였음을 의미합니다.
```

청사초롱이랑 꽃상여랑
관혼상제 이야기

햇살과나무꾼 글 | 박지훈 그림

옛 물건과 함께 과거로 시간 여행을 떠나요

오래 가지고 놀던 장난감, 오래 읽은 동화책, 오래 메고 다닌 가방······. 이렇게 오래 쓴 물건에는 추억이 담겨 있어요. 그래서 아무리 낡아도 쉽사리 버리지 못하고 자기만의 보물 상자에 고이고이 간직하게 되지요.

그렇다면 우리 겨레가 옛날부터 써 온 물건에는 얼마나 많은 추억이 깃들어 있을까요?

설날 허리춤에 매달고 다니는 복주머니에는 새해를 맞아 만복이 깃들기 바라던 겨레의 마음이 담겨 있어요. 시골집 장독대에 나란히 놓인 옹기에는 먹을 것을 구하기 힘들 때를 대비해 장과 김치를 담그던 겨레의 지혜가 담겨 있고요.

큰 고을 관아마다 하나씩 설치되어 있던 측우기에는 비가 온 양을 측정해 이용하려던 겨레의 과학성이 숨어 있고, 마을 어귀에 우뚝 서 있는 장승에는 나그네의 안전을 빌어 주던 옛사람들의 인정이 숨어 있지요.
 '옛 물건으로 만나는 우리 문화' 시리즈는 대대로 이어지는 옛날 물건을 통해 우리 겨레의 삶과 지혜, 문화와 풍습을 살펴보고자 마련되었어요.
 복주머니와 그네, 가마솥과 뚝배기, 쟁기와 물레 등 손때 묻은 옛 물건들과 함께 과거로 시간 여행을 떠나 보도록 해요. 그래서 역사 속에 생생하게 살아 있는 옛 물건을 살펴보고, 옛 물건 속에 생생하게 살아 있는 역사를 찾아봅시다.

들어가는 글	소중한 날을 더욱 소중하게 해 주던 겨레의 생활 의례	8
이야기마당	두고도거지	10
정보마당	결혼을 약속하는 약혼 사주단자 | 청홍 보자기 | 가락지 | 함 | 동심결 | 오동나무 장	20
	백년해로를 약속하는 혼례식 나무 기러기 | 교배잔 | 초례상 | 가마 | 폐백 | 청사초롱	24
	삼가고 조심하던 출생 의례 배냇저고리 | 짚자리와 삼끈 | 각대 | 미역 | 백설기	28
	첫 생일을 축하하는 돌잔치 돌상 | 돌복 | 돌띠 | 무명 타래실 | 밥그릇과 수저 | 수수경단	32
	어른이 되는 관례 초립 | 심의 | 술병과 술잔 | 댕기 | 비녀 | 들돌	36
	부모님께 효도를 다하는 환갑잔치 고배상 | 족두리와 사모 | 삼현육각 | 백수백복도 | 입맷상	40
	죽은 이를 떠나보내는 의식, 상례 꽃상여 | 사잣밥 | 저고리 | 상복 | 만장 | 초막	44

	조상신께 제사를 지내는 제례	48
	신주 | 향로 | 제사상 | 모사 | 제기 | 삼색 나물	
	화려하고 위엄 있는 궁중 의례	52
	구장복과 적의 | 연 | 태 항아리 | 호건 | 상화 | 박	

배움마당

가짜 상투 건상투	56
결혼을 빛내 주는 초, 화촉	58
잘하면 술이 석 잔, 못하면 뺨이 석 대	60
왕비는 어떻게 뽑았을까?	62
나이가 많다고 벼슬을 받았다고?	64
신사임당의 무덤 곁에서 삼년상을 치른 이이	66
세계가 반한 우리 문화 유산, 종묘	68
서로 돕는 미풍양속, 부조	70

익힘마당

옛날 결혼식 / 요즘 결혼식	72
옛날 장례식 / 요즘 장례식	74

소중한 날을 더욱 소중하게 해 주던 겨레의 생활 의례

초등학교 입학식 때가 기억나세요? 추위가 완전히 가시지 않은 이른 봄날, 처음 만나는 친구들과 나란히 서서 교장 선생님의 입학 축하 인사를 들을 때 어떤 기분이 들었나요?

뿌듯하기도 하고 설레거나 걱정이 되기도 했을 거예요. 그러면서 우리는 스스로도 모르는 사이에 초등학생이 되었다는 사실을 실감하고 초등학생으로서 새로운 생활을 잘 꾸려 나가야겠다고 다짐하게 되지요.

살아가다 보면 우리는 초등학교에 들어가는 것보다 훨씬 중요한 과정을 많이 거치게 된답니다. 자라서 결혼을 하고, 자식을 낳아 기르고, 늙고 병이 들어 죽는 것은 거의 모든 사람들이 치르고 넘어가는 삶의 과정이지요.

이렇게 삶의 중요한 순간마다 우리 조상들은 크게 의식을 치르며 새로운 생활을 시작하는 마음을 다지고 앞날을 축복해 주었답니다. 아이가 자라서 어른이 되면 관례를 치러 어른의 세계로 들어온 것을 인정해 주고, 함께 살아갈 짝을 찾으면 혼례를 치러 백년해로를 기원해 주었어요. 부부 사이에 자녀가 태어나 첫돌을 맞으면 돌잔치를 치러 탄생을 축하하고 건강을 기원했고요. 그 자녀들이 다시 일가를 이룰 만큼 나이가 들면 환갑잔치를 치르며 그동안의 삶을 위로하고 무병장수를 기원했고, 마침내 이승에서 삶을 다하고 눈을 감으면 저 세상으로 편안히 가라는 뜻으로 상례를 치러 주었지요. 그뿐인가요? 세상을 떠난 지 한참이 지난 조상들에 대해서도 중요한 날마다 제사를 지내며 그 삶과 뜻을 기렸답니다.

덕분에 사람들은 삶의 새로운 단계로 나아갈 때 느끼게 되는 두려움이나 부담감을 덜고 새로운 마음가짐으로 새로운 나날을 맞이할 수 있었지요. 지금까지 사람들이 결혼식이나 돌잔치, 환갑잔치, 장례와 제례를 중요하게 여기는 까닭도 여기에 있답니다.

두고도거지

옛날 어느 큰 부잣집에 딸이 셋 있었어요. 첫째 딸과 둘째 딸은 얼굴이 고왔지만 마음씨가 아주 사나웠어요. 셋째 딸은 얼굴은 언니들에 못 미쳐도 마음씨가 비단결처럼 고왔지요.

그런데 어느 날, 그 부잣집에 머슴이 새로 들어왔어요. 머슴의 이름은 '두고도거지'였어요. 두고도거지는 더 이상 기울 데가 없을 만큼 누덕누덕한 옷을 입고 있었고 얼굴은 늘 땟국에 까맣게 절어 있었어요.

하지만 눈빛이 맑고 행동거지가 참 반듯했지요. 또, 얼마나 부지런한지 동이 틀 때부터 해가 질 때까지 땅바닥에 엉덩이를 붙이고 앉아 쉴 줄을 몰랐답니다.

'저 아이는 어쩌다가 머슴이 되었을까? 아무리 봐도 남의 집 머슴살이를 할 아이는 아닌 것 같아…….'

셋째 딸은 두고도거지를 볼 때마다 어쩐지 딱하고 가엾다는 생각이 들었어요. 그래서 남모르게 옷도 기워 주고, 맛있는 것도 챙겨 주곤 했답니다.

첫째 딸과 둘째 딸은 두고도거지를 몹시 구박했어요.

첫째 딸은,

"얘, 두고도거지야, 세숫물 좀 받아 와."

하고 시켜 놓고는 두고도거지가 세숫물을 떠 가면 물이 차갑네, 뜨겁네 트집을 잡으며 쏟아 버리고 다시 시키기가 한 번에 서너 차례 이상이었어요.

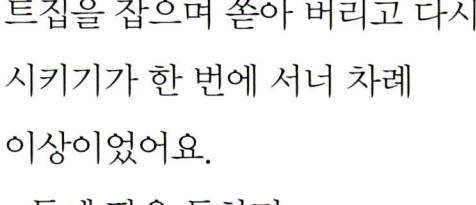

둘째 딸은 툭하면,

"얘, 두고도거지야, 마당 좀 쓸어."

하고 시켜 놓고서 두고도거지가 일을 다 해 놓으면 먼지가 나왔다고

빗자루로 두들겨 팼고요.

이러기를 삼 년이 다 되어 가는 어느 날, 이웃 마을 부잣집에 환갑잔치가 있어 주인집 식구들이 모두 가게 되었어요. 주인 부부가 먼저 출발을 했고 세 딸이 말을 타고 뒤따라가려고 준비를 했어요.

첫째 딸이 말했어요.

"얘, 두고도거지야, 마구간에 가서 내 말 좀 가져와."

"예, 아씨."

두고도거지는 이렇게 대답하고 마굿간에서 말을 데려왔어요. 그런데 첫째 딸은 발칵 화를 냈답니다.

"이렇게 큰 말을 나더러 어떻게 타라는 거야? 그렇게 서 있지 말고 얼른 엎드려. 네 등이라도 밟고 올라가야 탈 수 있을 것 아냐?"

두고도거지는 얼굴이 화끈 달아올랐어요. 하지만 누가 볼세라 금세 고개를 숙이고 조용히 말 옆에 엎드렸지요. 첫째 딸이 두고도거지의 등을 밟고 말에 올라탔어요.

"두고도거지야, 마구간에 가서 내 말 좀 가져와."

둘째 딸도 이렇게 시키고는 말을 대령하자 두고도거지의 등을 밟고 말에 올라탔어요.

그 뒤에 두고도거지는 셋째 딸의 말을 내왔어요. 그러고서 자기 등을 밟고 올라타라고 다시 말 옆에 엎드리려고 했지요.

그런데 셋째 딸이 두고도거지를 일으켜 세웠어요.

"나는 걸어갈 거야. 그러니까 이 말은 필요 없어."

그러더니 대문 앞에서 웃으며 말했답니다.

이야기 마당

"혹시 짬이 나면 이 말을 타고 잔칫집에 놀러 와. 악사도 부르고 광대패도 부르고 잔치를 아주 성대하게 벌인대. 구경꾼들이 많아서 쉽게 들키지 않을 거야."

그러고 나서 셋째 딸은 길을 나섰어요.

환갑잔치는 소문대로 성대하고 화려했어요. 풍악 소리가 끊이지 않는 가운데 기생들이 춤을 추고 광대들이 멋지게 마당놀이를 펼쳐 보였지요.

그 모습을 보려고 저 멀리 강 건너 마을에서까지 사람들이 찾아와 잔칫집은 아주 시끌벅적 흥청거렸어요.

그런데 갑자기 사방이 고요해지더니 사람들의 눈길이 한곳으로 쏠렸어요. 무슨 일인가 하고 보았더니, 황금실로 수놓은 비단옷을 입은 청년 하나가 옥피리를 들고 들어오고 있었어요.

"참 잘생겼다. 하늘에서 내려온 신선인들 저리 훤할까?"

사람들이 넋을 놓고 청년을 바라보았어요. 그러더니 이리 와서 앉아라, 이 술 한 잔 받아라 하고 저마다 말 한 번 붙여 보려고 안달이었지요.

그 모습을 지켜보다가 셋째 딸은 갑자기 고개를 갸웃거렸어요.

'이상하다, 어디선가 많이 본 것 같은 얼굴이야. 어디서 보았을까? 혹시……?'

셋째 딸은 자기 댕기 끝을 살짝 잘라서 그 청년 곁으로 다가갔어요. 그러고는 청년이 옆 사람의 술을 받는 틈을 타서 청년의 댕기 속에 자기 댕기 조각을 살짝 끼워 두었지요.

아무것도 모르는 청년은 잔칫집에서 잘 놀다가 돌아갔어요. 얼마 뒤에 셋째 딸도 식구들과 함께 집으로 돌아왔어요.

"아까 그 도련님, 정말 멋지지 않니? 아무리 봐도 예사 집안 도련님이 아닌 것 같아. 그렇게 빛나는 비단옷을 누가 입을 수 있겠어?"

"그런 도련님은 대체 어떤 아가씨와 짝이 될까?"

첫째 딸과 둘째 딸은 집으로 돌아와서도 잔칫집에서 만난 청년 이야기를 하느라 정신이 없었어요. 셋째 딸은 언니들의 이야기를 잠자코 듣고만 있다가, 조용히 자기 방으로 돌아가서 두고도거지를 불렀어요.

셋째 딸이 대뜸 물었어요.

"너는 대체 누구야? 그 비단옷이랑 옥피리는 어디서 난 거야?"

두고도거지는 당황하는 기색이 역력했어요. 하지만,

"무슨 말씀이십니까, 아가씨? 비단옷과 옥피리라니요?"

하고 발뺌을 했지요.

그러자 셋째 딸은 두고도거지의 댕기에서 자기 댕기 조각을 꺼내 보였어요.

"혹시나 해서 내가 끼워 둔 거야. 이래도 시치미를 뗄 거야?"

두고도거지는 얼굴이 빨개졌어요. 그러고는 잠깐 생각을 해 보더니

사실을 털어놓았답니다.
 알고 보니, 두고도거지는 한양 사는 정승 집안의 외동아들이었어요. 그것도 늘그막에 얻은 귀한 자식이라 정승 부부가 금이야 옥이야 아끼고 사랑했지요. 그런데 정승 부부의 지나친 애정 때문에 동티가 났는지, 아이는 열두 살을 못 넘기고 시름시름 앓기 시작했지요. 정승 부부는 아이의 병을 고치기 위해 용하다는 의원을 다 불러들이고 용하다는 점쟁이를 다 만나 보았어요. 하지만 아무도 아이의 병을 고칠 수 없었어요.
 그러던 어느 날 길을 가던 스님 하나가 그 집에 탁발을 하러 왔다가 정승 부인을 보더니 "딱하다, 딱해." 하고 혀를 끌끌 찼어요. 그러고는

 부모가 너무 아껴서 이 집 아들이 동티가 났다고 하면서 아들의 병을 고치려면 집에서 내보내 죽도록 고생을 시켜야 한다고 일러 주었지요.
 이렇게 해서 두고도거지는 집을 떠나 고생을 하게 된 거예요. 사실 두고도거지라는 이름도 그래서 붙었답니다. 집에 금은보화를 쌓아 두고도 사서 고생을 한다고 스님이 지어 준 이름이었지요.
 "그 비단옷은 부모님께서 정표로 주신 것이고 옥피리는 그 스님께서 주신 것입니다."
 이윽고 말을 마치는 두고도거지의 눈에서 눈물 한 줄기가 주르륵 흘러내렸어요. 셋째 딸은 두고도거지가 가엾어서 손을 내밀어 눈물을 닦아 주었어요. 그러고는 댕기 때문에 헝클어진 두고도거지의 머리를

다시 매만져 주었지요.

두고도거지는 웬일인지 눈꺼풀이 무거워지고 졸음이 솔솔 왔어요. 그때 두고도거지의 눈앞에 저승사자가 스르륵 나타났답니다.

"네 수명이 오늘로 다 되었다마는 그동안 남에게 짓밟히는 고생까지 참아 냈으니 너를 데려가지 않겠다. 이제는 백 년 뒤에나 다시 오마."

저승사자는 이렇게 말하고서 연기처럼 사라져 버렸고, 눈을 떠 보니 두고도거지는 셋째 딸의 무릎을 베고 누워 있었어요.

이튿날 두고도거지는 주인에게 모든 걸 밝히고 셋째 딸에게 청혼을 했어요. 주인은 몹시 기뻐하며 두 사람의 혼례를 성대하게 치러 주었어요. 사흘 뒤에 두고도거지는 황금실로 수놓은 비단옷을 입고 옥피리를 불면서 색시와 함께 한양으로 떠나갔답니다. 그 모습을 바라보며 첫째 딸과 둘째 딸은 한탄을 했지요.

"이럴 줄 알았으면 내가 옷을 기워 입힐걸."

"이럴 줄 알았다면 내가 맛난 걸 챙겨 줄걸."

왜 결혼 날짜를 신부 집에서 잡았을까?

혼례식을 대개 신부의 집에서 치렀기 때문이에요. 그만큼 신부 집에서 준비해야 할 것이 많았기 때문에 혼례 날짜도 신부 집에서 편한 날짜로 잡았지요.

결혼을 약속하는 약혼

혼례는 예부터 인륜대사라고 일컬어졌어요. 사람이 살아가면서 치르는 아주 큰 행사라는 뜻이지요. 그런 만큼 옛날에는 혼례를 약속하고 준비하는 과정도 소홀하게 넘기지 않았답니다. 결혼을 남녀 두 사람의 결합만이 아니라 집안과 집안의 결합으로 여기고 양쪽 집안 어른들은 서로 편지를 보내 인사를 나누는가 하면, 훌륭하게 기른 자식을 주셔서 감사하다는 뜻으로 예물도 주고받았어요. 이런 편지와 예물에는 자식 부부가 오래도록 변함없이 사랑하고 행복하기를 기원하는 뜻이 담겨 있었지요.

사주단자

혼인이 약속되면, 신랑 집에서 신부 집으로 사주단자를 보냈어요. 사주단자란 생년월일과 태어난 시간을 적어 놓은 편지를 말하는데, 신부 집에서는 신랑의 사주를 신부의 것과 맞추어 보고 좋은 날을 골라 혼례 날짜를 잡았지요. 사주단자는 혼인 약속이 이루어졌음을 보여 주는 증명서와도 같았기 때문에 구겨지거나 찢어지지 않도록 잘 싸서 전달하고 보관했어요.

청홍 보자기
사주단자를 쌀 때는 겉은 홍색, 안은 청색인 네모난 비단 겹보자기를 사용해요. 이 보자기의 청색과 홍색은 각각 여자와 남자, 곧 음양의 조화를 상징하지요.

가락지
함에 넣어 보내는 결혼 예물 가운데 하나예요. 고리가 한 개인 반지는 결혼하지 않은 여자들이 끼고, 고리 두 짝으로 된 가락지는 결혼한 여자만 꼈어요. 남편이 전쟁터에 나가거나 먼 길을 떠날 때는 부부가 가락지를 한 짝씩 나누어 가지기도 했지요.

함
신부 집에서 혼례식 날짜를 정해 신랑 집에 알리면 신랑 집에서는 결혼 예물과 혼서를 함에 담아 신부 집으로 보내요. 예물은 대개 신부의 치맛감으로 쓸 청홍색 비단과 비녀, 가락지 같은 패물로 이루어져 있었고, 혼서는 귀하게 기른 딸을 며느리로 주어 고맙다는 내용으로 되어 있었지요. 신부 집으로 함을 메고 가는 사람을 함진아비라고 하는데, 함진아비는 첫아들을 낳고 부부 금실이 좋은 사람 중에서 골랐답니다.

동심결

함 속에 넣는 청홍색 비단은
동심결 매듭으로 가지런히 묶었어요.
동심결은 둥근 원 모양의 실로 두 개의 고를 맞죄어
엮는 매듭이에요. 한 손으로도 술술 잘 풀리는 이 매듭에는
결혼 생활이 순조롭게 잘 풀려 나가라는 바람이 담겨 있답니다.

오동나무장

혼례가 결정되면 신부 집에서는
신부가 시집가서 쓸 살림살이를
준비했어요. 대개 장과 이불, 옷과
그릇, 요강 등이었지요. 딸을 낳은
집에서는 일찌감치 오동나무를
심기도 했답니다. 오동나무는 빨리
자라서 딸이 시집갈 무렵에는
장 하나를 만들 크기가 되거든요.

백년해로를 약속하는 혼례식

 마침내 혼례 날이 되면 신랑은 아버지나 할아버지, 또는 삼촌과 함께 신부가 사는 마을로 갔어요. 그러고는 사모관대를 하고 신부 집으로 들어가 나무 기러기를 바치고 혼례식을 치렀지요. 신랑 신부가 맞절을 하고, 조롱박 술잔에 술을 나누어 마시는 혼인 의식은 이웃과 친지들이 지켜보는 가운데 흥겨운 분위기 속에서 치러졌어요. 식이 모두 끝난 뒤에도 사람들은 한데 어울려 음식과 술을 나누어 먹으며 신랑 신부의 앞날을 축복했답니다.

살아 있는 기러기도 바쳤다고?
원래는 살아 있는 기러기를 썼지만 구하기도 어렵고 다루기도 힘들어 차츰 나무 기러기를 쓰게 되었대요. 하지만 왕실에서는 혼례를 치를 때 꼭 살아 있는 기러기를 썼답니다.

나무 기러기

혼례식은 신랑이 신부 집에 나무 기러기를 바치는 것으로 시작했어요. 이것을 전안례라고 하는데, 한번 짝을 지으면 평생을 함께 사는 기러기 부부처럼 평생 사이좋게 살겠다는 약속이 담겨 있었지요. 나무 기러기는 신부 어머니가 받아 신부가 기다리는 방 안으로 던지기도 했어요. 이때 기러기가 옆으로 누우면 첫딸을 낳고 똑바로 서면 첫아들을 낳는다고 믿었답니다.

교배잔

혼례식 때 술을 따라 신랑 신부가 맞바꾸어 마시는 잔이에요. 신랑 잔에 따른 술을 신부가 받아 마시고 신부 잔에 따른 술을 신랑이 받아 마시며 모두 세 번 술잔을 맞바꾸어 마시지요. 조롱박을 반으로 쪼개어 만든 교배잔은 둘이 합쳐져 하나가 되는 부부의 화합을 뜻해요.

초례상

신랑 신부가 마주 보고 혼례식을 치르는 상을 가리켜요. 초례상의 대나무와 소나무에는 사철 푸르른 나무처럼 절개를 지키라는 뜻이 담겨 있어요. 또, 밤과 대추에는 자식을 많이 낳고 오래 살라는 뜻이 담겨 있지요. 전안례가 끝나면 신랑 신부는 초례상을 사이에 두고 마주 서서 서로에게 절을 하는 교배례를 치렀어요.

가마

혼례를 치른 신랑 신부는 이튿날이나 사흘 뒤, 또는 일 년 뒤에 신랑 집으로 돌아갔어요. 신랑이 말을 타고 앞장서고 신부가 가마를 타고 뒤따라갔지요. 신부가 타는 가마에는 잡귀를 물리치기 위해 호랑이 가죽을 덮어 놓기도 했어요.

폐백

신부가 처음 시부모를 만나러 갈 때 인사로 바치던 음식을 말해요. 폐백 음식을 차려 놓고 신부가 큰절을 올리면 시아버지는 대추 몇 알을 며느리의 치마폭에 던져 주며 자식을 많이 낳으라고 덕담을 했어요. 시어머니는 며느리의 허물을 덮어 주겠다는 뜻으로 육포나 삶은 닭을 어루만졌지요.

청사초롱

청홍색 비단으로 겉을 두른 초롱이에요. 옛날에는 혼례식을 저녁 무렵에 치렀어요. 낮(양)과 밤(음)이 만나는 저녁 시간이 남자(양)와 여자(음)가 만나 하나가 되는 혼례와 맥이 통한다고 보았기 때문이에요. 청사초롱은 이때 혼례를 치르러 가는 신랑이나 신부의 앞길을 밝히는 역할을 했답니다.

삼가고 조심하던 출생의례

이웃에서 아기 울음소리가 들려오면 얼른 가서 보고 싶지요? 하지만 한동안은 참아야 한답니다. 갓 태어난 아기들은 몸이 약해서 병균에 감염되기 쉽거든요.

우리 조상들도 아기의 탄생을 참 조심스럽게 맞이했어요. 아기나 산모에게 탈이 생길까 봐 삼칠일(21일) 동안은 바깥 사람이 함부로 집 안에 드나들지 못하게 했지요. 아기를 가졌을 때와 낳았을 때, 그리고 기를 때 옛날에는 조심하고 삼가던 일이 이 밖에도 아주 많았답니다.

배냇저고리

아기가 태어나서 처음으로 입는 옷이에요. 아기가 오래 살기를 바라는 마음에서 옷고름이나 단추 대신에 기다란 끈을 달았지요. 입힐 때는 끈을 가슴에 한 바퀴 돌려서 맨답니다. 배냇저고리는 아기가 손톱으로 제 얼굴을 할퀴지 못하도록 소매도 길게 하고, 배를 완전히 덮을 수 있을 만큼 길이를 길게 만들었어요.

배냇저고리를 헌 옷감으로 만들었다고?
아기의 보드라운 살이 다치지 않도록 배냇저고리는
여러 번 빨아서 부드러워진 옷감으로 만들었어요.
오래 살라고 건강한 노인이 입던 옷을
얻어서 만들기도 했답니다.

짚자리와 삼끈

옛날 엄마들은 친정어머니나 시어머니, 또는 자식을 여럿 낳아 기른 이웃 할머니의 도움을 받아 집에서 아기를 낳았어요. 아기가 태어날 날이 가까워지면 아기 아버지는 푹신하고 깨끗한 짚자리를 깔아 산실을 꾸미고, 대들보에 삼끈을 매달아 놓았어요. 산모는 이 삼끈을 꽉 붙잡고 힘을 써서 아기를 낳았답니다.

각대
옛날 벼슬아치가 관복 위에 두르던 허리띠예요. 아기를 가지면 엄마들은 장차 태어날 아기가 훌륭한 사람이 되라고 벼슬아치가 쓰는 물건을 곁에 두고 들여다보곤 했어요. 이 밖에 좋은 글귀나 그림, 아름다운 보석이나 난초 등을 곁에 두고 보기도 했지요.

미역
아기를 낳은 산모는 피를 맑게 해 준다고 해서 미역국을 먹었어요. 산모의 미역국에 쓸 미역은 출산 전에 미리 준비하는데, 값을 깎아 사거나 접어 두지 않았어요. 그러면 아기를 낳을 때 산모가 몹시 고생한다는 말이 있었거든요.

백설기
아기가 태어나 백일이 되면 친지들을 불러 놓고 잔치를 벌였어요. 백일 잔칫상에는 반드시 하얀 백설기가 올랐는데, 여럿이 나눠 먹을수록 복을 받는다고 해서 길을 가는 나그네에게도 나누어 주었답니다.

첫 생일을 축하하는 돌잔치

아기가 태어나서 처음 맞이하는 생일을 돌이라고 해요. 옛날에는 태어난 지 얼마 안 돼 죽는 아기가 많았어요. 아기가 태어나 첫 생일을 맞이하는 것이 아주 기쁘고 경사스러운 일이었지요. 그래서 돌이 되면 특별히 잔치를 벌였답니다. 돌잔치 때 아기는 어른들이 손수 바느질하고 수를 놓아 만든 예쁜 옷을 입고 축복이 가득 담긴 돌상을 받고서 미래를 점치는 돌잡이 의식을 치렀지요.

돌상

돌을 맞은 아기를 위해 차려 주는 상이에요. 음식뿐만 아니라 실, 돈, 붓, 책, 활(여자 아기는 자)과 같은 물건을 늘어놓고 돌쟁이가 마음대로 집게 해 장래를 점쳐 보지요. 돌잡이 물건에는 저마다 뜻이 있어서 아기가 무엇을 잡을지 지켜보는 것도 무척 재미있답니다.

돌잡이 물건에는 어떤 뜻이 있을까?

실은 장수, 돈은 부귀, 붓과 책은 학문, 활은 용맹을 뜻해요.
또, 여자 아기의 돌상에 놓는 바느질 도구에는 현모양처가 되라는 뜻이 담겨 있답니다.

돌복

아기가 돌을 맞아 입는 새 옷이에요.
흔히 알록달록 색깔이 고운 색동옷으로 장만하지요.
돌을 맞은 아기는 혼자서도 잘 서고 몇 발짝씩
걸을 수도 있어요. 쓰러질 듯 말 듯 아장아장 걷는
아기를 구경하는 것도 돌잔치의 커다란
즐거움이랍니다.

돌띠

돌복 위에 둘러매는 띠예요. 오래 살라는 뜻으로
길게 만들어 가슴에다 한 바퀴 돌려 매지요.
돌띠에는 수를 놓은 주머니, 은방울, 은장도,
작은 노리개 같은 장식물을 달아요. 전염병이
유행할 때는 꽉 잠겼으니 들어올 생각을
하지 말라고 자물통 모양의 조그만 장신구를
달아 주기도 하지요.

무명타래실

돌떡이나 돌 음식을 얻어먹으면 빈 그릇으로 돌려보내지 않았어요. 쌀이나 타래실처럼 복을 빌어 주는 물건을 담아서 보냈지요. 돌상에도 올라가는 타래실은 기다란 실처럼 오래 살라는 뜻이랍니다.

밥그릇과 수저

아기가 첫돌을 맞으면 밥그릇과 수저를 한 벌 마련해 선물로 주었어요. 이제야 비로소 삶을 시작한다는 뜻도 되고, 일생 동안 먹고 살아갈 일에 대비한다는 뜻도 되지요.

수수경단

백일상과 돌상은 물론이고 어린아이의 생일상에는 꼭 수수경단이 올랐어요. 붉은 수수가 못된 귀신을 쫓아 준다고 해서 열 살 때까지는 생일마다 잊지 않고 수수경단을 해 먹였지요.

어른이 되는 관례

옛날에는 머리 모양을 보고 어른과 아이를 구별했대요. 갓을 쓰거나 쪽을 찌고 있으면 열 살이 되지 않아도 어른으로 보고 어른 대접을 해 주고, 그러지 않으면 스무 살이 넘어도 아이 취급을 했지요.

관례란 어른이 되었다는 뜻으로 상투를 틀고 갓을 쓰거나 쪽을 쪄 비녀를 꽂는 의식을 말해요. 대개 15세에서 20세 사이에 혼례를 치르기에 앞서 치렀지만, 지체 높은 양반 가문에서는 혼례와 관계없이 관례만 치르기도 했답니다.

초립

관례를 치른 후 쓰는 갓이에요. 흔히 장가들기 전까지는 초립을 쓰다가 혼례를 치르면 말총으로 만든 까만 갓으로 바꾸어 썼어요. 상투를 틀고 갓을 쓰면 더 이상 어린이가 아니라는 뜻이었기 때문에 손윗사람들도 어른으로 대접해 주었어요. '~해라'라고 하던 것을 '~하게'라고 바꾸어 말했고 절을 받을 때도 예의를 갖추어 맞절을 했답니다.

관례를 치르면 이름이 새로 생긴다고?

관례를 치르면 '자' 라는 이름을 새로 받았어요.
자는 흔히 동년배나 아랫사람을 부를 때 쓰고
윗사람을 부를 때는 호를 썼어요.

심의
조선 시대에 왕실이나 엄격한 양반집에서는 관례를 치를 때 옷을 세 번이나 갈아입었어요. 심의는 처음 갈아입는 옷으로 선비의 평상복이었답니다.

술병과 술잔
관례식이 끝나면 관례를 치른 사람은 부모나 집안 어른에게서 술잔을 받았어요. 처음으로 어른 앞에서 술을 마시면서 술 마실 때 지켜야 할 예법을 배웠지요.

댕기

관례를 치르기 전까지는 남자들도 머리를 길러서 땋아 댕기로 묶었어요. 여자들은 대개 붉은색 댕기를 맸고 남자들은 검은색 댕기를 맸지요. 관례를 치르면 댕기를 푼 기념으로 친구들에게 한턱을 내기도 했어요.

비녀

여자의 관례를 계례라고 해요. 계는 비녀라는 뜻으로, 여자들은 15세 전후에 계례를 올리며 쪽을 쪄 비녀를 꽂았지요. 만약 15세 이전에 혼례를 치르게 되면 혼례식에 앞서 계례부터 올렸어요. 계례를 올린 뒤에 혼인을 하지 않으면 쪽을 풀고 다시 땋은 머리로 지냈답니다.

들돌

관례는 격식이 까다롭고 비용도 많이 들었어요. 그래서 일반 백성들은 다른 방법으로 관례를 치르기도 했지요. 정월 대보름과 같은 명절에 무거운 돌을 들어 보게 하고 잘 든다고 생각되면 어른 축에 끼워 준 거예요. 들돌이란 이때 들던 무거운 돌을 말한답니다.

부모님께 효도를 다하는 환갑잔치

태어나서 예순 번째 생일을 맞는 날을 환갑이라고 해요. 평균 수명이 짧던 옛날에는 부모님이 환갑 때까지 살아 계시는 것도 아주 기쁘고 경사스러운 일이었어요. 그래서 부모가 환갑을 맞이하면 자손들이 부모를 위해 크게 잔치를 벌였답니다. 이웃과 친지 들을 초대하는 것은 물론이고 지나가는 나그네까지 불러 대접을 하고, 부모님께 큰절을 올려 오래오래 사시기를 기원했지요.

고배상

환갑잔치 때는 부모님께 음식을 높이 괴어 담은 고배상을 차려 드렸어요. 괸 음식의 높이가 자손의 효성에 비례하는 양 저마다 높이 쌓으려고 애를 썼지요. 괸 음식이 쓰러지지 않도록 실로 꿰거나 조청으로 붙이기도 했답니다.

고배상을 차리는 전문가가 있었다고?

고배 음식을 괴려면 숙달된 솜씨가 필요했어요. 그러다 보니 솜씨가 좋은 사람이 잔칫집마다 불려 다녔지요. 남자가 이 일을 맡는 경우도 많답니다.

족두리와 사모

환갑 때 사람들은 신랑 신부처럼 혼례복을 입고
족두리와 사모를 쓰기도 했어요. 부모가 아직
살아 있으면 부모 앞에서 색동저고리를 입고
춤을 추며 어린아이처럼 재롱을 부리기도 했지요.

삼현육각

춤을 추거나 가면극을 할 때 피리와 해금, 장구 등의
악기가 쓰였어요. 환갑잔치 때는 악사와 기생들을 불러
삼현육각을 울리며 노래를 부르고 춤을 추기도 했어요. 형편이 좋은
집에서는 광대패를 불러 판소리나 줄타기 공연도 했지요.

백수백복도

목숨 수(壽) 자와 복 복(福) 자를 백 번씩 써 놓은 그림이에요. 같은 글자를 백 번씩 쓰는데 모양이나 글자체가 하나도 같은 것이 없을 만큼 정성을 기울였지요. 부모님이 오래도록 복을 누리며 사시라는 뜻으로 환갑잔치에는 백수백복도 병풍을 세워 놓았어요.

입맷상

고배상은 사람들에게 보여 주기 위해 차려 놓은 상이라 잔치 도중에 헐어 먹지 않았어요. 잔치 때 회갑을 맞은 부모님이 드실 상은 고배상 뒤에 따로 차려 두었지요. 이 상을 입맷상이라고 하는데, 대개 오래 사시라는 뜻으로 국수를 주로 하는 상을 차렸어요.

죽은 이를 떠나보내는 의식, 상례

죽지 않고 영원히 사는 사람은 없어요. 태어나면 누구나 죽게 되어 있지요. 죽음은 사람이 태어나서 거치는 마지막 관문이에요.

우리 조상들은 죽음을 끝이 아니라 새로운 삶의 시작이라고 생각했답니다. 사람이 죽으면 몸은 흙으로 돌아가지만 영혼은 다른 세상으로 가서 새로운 삶을 산다고 믿었지요. 그래서 상을 당하면 돌아가신 분이 이승에서 저승으로 편안히 갈 수 있도록 정성을 다해 상례를 치렀어요. 그러면서 죽은 사람과 이별하고 이승에서 살아갈 힘을 얻었지요.

꽃상여

죽은 사람을 무덤까지 태우고 가는 가마를 상여라고 해요. 상여 중에서도 종이꽃으로 화려하게 꾸민 것을 꽃상여라고 하고요. 상여는 상여꾼 여러 명이 메고 옮겼는데, 묘지로 떠나기 전에 죽은 사람이 살던 집 주위와 마을을 마지막으로 한 바퀴 천천히 돌았어요. 그러면 친척이나 친구가 상여를 잠깐 멈춰 세우고 술 한 잔을 올리며 마지막 인사를 했지요.

죽은 사람을 꽃가마에 태워 보내는 까닭은?
죽은 사람을 위한 마지막 배려예요. 살아 있을 때 누리지 못한 호사를 저승길에서나마 누려 보라는 뜻이 담겨 있지요.

사잣밥

죽은 사람의 영혼을 저승까지 데리고 간다는 저승사자를 대접하기 위해 문밖에 차려 놓는 상이에요. 밥그릇과 술잔이 세 개씩이고 짚신도 세 짝인 까닭은 저승사자들이 셋씩 다니기 때문이랍니다.

저고리

사람이 죽으면 죽은 사람의 저고리를 가지고 지붕 위로 올라가 북쪽을 향해 휘두르며 죽은 사람의 이름과 '복'을 세 번 외쳤지요. 이 '복'은 돌아오라는 뜻인데, 죽은 사람과 헤어지는 것을 안타까워하는 마음이 담겨 있어요.

상복
죽은 사람의 가족과 친척들이 입는 옷이에요. 상복은
거친 삼베로 만들고 바느질도 거칠게 했어요.
부모님이 돌아가시면 상주들은 죄인이라고 해서
머리를 풀고 곡을 했고, 끼니도 걸렀어요.
그래서 이웃에 상이 나면 미음이나 죽을 쑤어
가지고 가서 상주가 한술이라도 뜨도록 권하곤 했답니다.

만장
죽은 사람을 애도하는 글이나 그 글을 적은 깃발이에요.
죽은 사람이 살아서 쌓은 공덕을 기려 좋은 곳으로 가게
해 달라고 기원하는 뜻이 담겨 있어요. 생전에 공덕을
많이 쌓은 사람일수록 만장의 행렬이 길었지요.

초막
풀이나 짚으로 지붕을 이은 조그만 집이에요.
부모님이 돌아가시면 효성이 지극한 사람들은
무덤 옆에 초막을 짓고 3년 동안 그곳에서 지내며
부모님의 무덤을 정성껏 돌보았어요.

정보마당

조상신께 제사를 지내는 제례

죽고 나면 이승과는 영영 이별일까요? 옛날 사람들은 사람이 죽어도 혼은 남아 이승에 사는 사람들에게 영향을 끼친다고 믿었어요. 그래서 돌아가신 조상님도 극진히 모셨지요. 넉넉한 집안에서는 집 안에 사당을 지어 조상신을 모시고 돌아가신 날이나 태어나신 날, 명절날이 되면 대부분 고조부와 고조모까지 4대를 거슬러 제사를 지냈답니다.

신주

죽은 사람의 넋을 모시는 나무패예요. 죽은 이가 누구인지, 생전에 어떤 일을 했는지, 제사를 지내는 사람과는 어떤 관계인지가 적혀 있지요. 평소에는 나무함 속에 조심스럽게 보관하다가 제사 때 꺼내 제사상 맨 앞에 놓았어요.

신주가 없을 때는?

종이에 지방을 써서 대신하기도 해요. 지방은 제사를 지내기 바로 전에 써서 제사를 지내고, 제사를 지낸 후에는 불에 태워 없앴어요.

향로

제사를 지낼 때는 가장 먼저 향을 피워 조상신을 불러요.
향을 피우는 까닭은 제사 지내는 공간을 깨끗하게 해
조상신이 편안하게 머물 수 있게 하기 위해서랍니다.

제사상

제사 음식의 종류와 차리는 방법은 집안마다
조금씩 달라요. 하지만 대개 신주 바로 앞줄에
밥과 국, 술잔을 놓고, 둘째 줄에 고기와 생선,
셋째 줄에는 탕, 넷째 줄에는 나물, 마지막 줄에
과일을 놓지요. 숟가락을 밥그릇 가운데에 꽂고
반찬 그릇 위에 젓가락을 얹는 것은
조상이 음식을 드신다는 표시예요.

모사

제사를 지낼 때 모래를 담고 띠라는 풀을 묶어 꽂아 놓는 그릇이에요. 흙과 풀이 담긴 모사는 조상의 무덤을 의미한답니다. 술을 올린 다음에는 꼭 모사에 따라 붓는데, 이는 땅에 묻힌 조상에게 술을 올린다는 뜻이에요.

제기

제사 때는 평소에 쓰는 그릇과 달리 굽이 높은 그릇을 써요. 조상의 제사를 지낼 때 쓰는 귀한 그릇이라 제기는 평소에 밥을 먹을 때 쓰지 않았어요. 또 남에게 빌리거나 빌려 주지 않았답니다.

삼색나물

제사 음식은 무엇이든 홀수로 놓아요. 또 파와 마늘, 고춧가루처럼 자극적인 양념은 귀신을 쫓는다고 여겨 쓰지 않았지요. 제사상에 올렸던 음식에는 복이 담겨 있다고 해서 제사가 끝난 뒤 여럿이 나누어 먹었어요.

화려하고 위엄 있는 궁중 의례

옛날에 왕은 하늘과 땅과 만백성을 다스리는 나라의 중심이었어요. 그런 만큼 궁중에서 치르는 의례는 일반 백성들이 치르는 의례에 비할 바 없이 화려하고 성대했답니다. 격식과 절차도 훨씬 까다롭고 복잡해 의례가 있을 때마다 일을 맡을 임시 관청을 세우고, 의례의 전 과정을 글과 그림으로 기록해 둘 정도였답니다.

구장복과 적의

조선 시대에 왕과 왕비가 혼례식 때 입던 옷이에요. 구장복은 왕의 예복이고, 적의는 왕비의 예복이지요. 왕의 혼례는 국가적인 큰 행사로 복잡하고 까다로운 절차를 거쳤어요. 전국의 모든 아가씨들에게 혼인을 금지하는 명령을 내린 다음에 3차에 걸친 엄격한 심사를 통해 왕비를 뽑았지요.

최종 선발에서 떨어진 아가씨는 어떻게 되었을까?

왕과 혼담이 오간 아가씨는 결혼을 하기 어려웠어요. 그래서 평생 혼자 살거나 왕의 후궁으로 들어갔답니다.

연

혼례를 위해 행차할 때 왕과 왕비가 타던 가마예요.
일반 백성들은 대개 신부 집에서 혼례를 치렀지만 왕비로 뽑힌 아가씨는 별궁에 머물다가 대궐로 들어와 혼례를 치렀어요. 그래서 왕이 몸소 별궁으로 수행원들을 거느리고 가서 왕비를 대궐로 데려왔답니다. 영조가 별궁으로 왕비를 데리러 갈 때 어가 행렬은 수행 인원만 천 명이 넘었고, 구경하려고 몰려든 사람들로 발 디딜 틈이 없었다고 해요.

태항아리

뱃속에 있는 아기에게 엄마가 영양분을 공급해 주는 기관을 태라고 해요. 아기가 태어나면 엄마의 몸에서 빠져나오는데, 아기의 생명 줄이라고 해서 귀하게 다루었어요. 특히 왕실에서 태어난 아기의 태에는 왕조의 운명이 담겨 있다고 여겨 두 겹의 백자 항아리에 넣고 다시 돌 상자에 넣은 뒤에 명당에 정성껏 묻었답니다.

호건

호랑이 무늬를 수놓은 복건이에요. 호랑이처럼 용맹하고 씩씩하게 자라라는 뜻이 담겨 있지요. 왕자가 돌을 맞으면 돌복을 입고 호건을 쓰고 모든 신하들이 보는 가운데 돌잡이를 했어요. 그러면서 모든 백성들에게 떡을 나누어 주고 죄인들을 특별히 풀어 주었답니다.

상화

궁중에서는 잔치 음식 위에 종이나 비단으로 만든 장식 꽃을 꽂았어요. 이를 상화라고 하는데 꽃마다 태평성대, 부귀, 자손 번창 등의 의미가 담겨 있지요.

박

조선 시대의 왕은 종묘에 조상들의 신위를 모셔 놓고 제사를 지냈어요. 왕이 종묘로 행차하는 행렬은 대궐 전체가 움직인다고 할 만큼 규모가 크고 화려했지요. 종묘 제례 때는 더욱 경건하고 위엄 있는 의식을 위해서 음악을 연주하며 공연을 했어요. 박은 이 음악의 시작과 끝을 알리던 궁중 악기예요.

가짜 상투 건상투

 머리카락을 모두 빗어 올려서 정수리 부분에서 틀어 매는 것을 상투라고 해요. 옛날에 혼례나 관례를 치른 남자들이 어른이 되었다는 표시로 하고 다녔지요.

 상투를 하면 머리카락을 정수리로 죄다 끌어올려 단단히 매기 때문에 머리 밑이 몹시 당기고 아팠어요. 또 정수리 부분으로 열이 잘 빠져 나가지 않아 견디기 힘들었지요. 그래서 머리숱이 많은 사람들은 정수리 부분의 머리카락을 동그랗게 쳐내고 상투를 틀었어요.

 그런데 상투를 틀지 못한 사람들은 이런 점마저도 부러워했답니다.

 옛날에는 나이가 아무리 많아도 상투를 틀지 않으면 어린아이 취급을 했거든요. 나이가 아무리 어려도 혼례를 치르고 상투를 튼 사람은 상투를 틀지 못한 사람에게 반말을 했지요.
 장가를 못 간 것도 억울한데 어린 사람에게 반말까지 들으면 얼마나 속이 상할까요? 그래서 장가도 안 갔으면서 간 것처럼 상투를 틀고 다니는 사람도 있었어요. 이렇게 혼례도 안 올리고 트는 가짜 상투를 '건상투'라고 불렀답니다.

결혼을 빛내 주는 초, 화촉

결혼식을 올린다는 말을 '화촉을 밝힌다'고도 해요. 이 말은 신랑 신부의 첫날밤을 밝히던 초에서 비롯되었답니다.

옛날에는 초가 무척 귀했어요. 만드는 양이 너무 적어서 궁중이나 지체 높은 양반 집안에서, 그것도 아주 중요한 행사를 치를 때만 사용했지요.

화촉은 이러한 초 가운데 특히 곱고 아름다운 초를 말해요. 그런데 혼례 날만큼은 일반 백성들도 값비싼 화촉을 사용했답니다. 일생에서 가장 기쁘고 행복한 혼례 날, 신랑 신부의 앞날을 축복하기 위해서였지요. 같은 뜻에서 혼례 때 신랑은 벼슬아치들이 입는 관복을 입고 신부는 왕비나 공주가 입는 원삼이나 활옷을 입었답니다.

첫날밤의 화촉은 신랑이 껐는데 입으로 불어 끄면 복이 달아난다는 말이 있었어요. 그래서 옷이나 이불자락으로 끄거나 혼례식 때 얼굴을 가리던 부채로 껐답니다.

잘하면 술이 석 잔, 못하면 뺨이 석 대

옛날에는 남녀가 서로 사귀고 사랑해서 결혼을 하는 것보다 부모의 뜻에 따라 결혼하는 일이 많았어요. 이런 혼인을 중매 결혼이라고 하고, 결혼이 이루어지도록 중간에서 양쪽 집안을 소개하는 사람을 중매인이라고 하지요.

중매인으로는 대개 양쪽 집안을 잘 아는 친척이나 친구가 나섰어요. 하지만 '매파'라는 전문적인 중매인도 있었고, 화장품이나 패물을 팔며 이 마을, 저 마을을 드나드는 방물장수들이 중매를 서기도 했지요.

중매인의 이야기를 듣고 더 궁금한 것이 있을 때 부모들은 나그네인 척하고 상대방 마을로 가서 신랑이나 신부 될 사람과 그 집안에 대해 좀 더 자세히 알아보기도 했어요. 그리고 마음에 꼭 드는 사윗감이나 며느릿감을 얻으면 혼례를 치른 뒤에 중매

인에게 옷감이나 곡식을 선물했지요. 물론 결혼 생활이 순탄하지 못할 때 중매인들은 원망의 대상이 되기도 했답니다. '중매는 잘하면 술이 석 잔, 못하면 뺨이 석 대'라는 속담이 나왔을 정도지요.

왕비는 어떻게 뽑았을까?

왕실에서는 '간택' 이라는 과정을 통해 왕자와 공주의 신붓감과 신랑감을 뽑았어요. 간택이란 여러 명의 신붓감 가운데 적합한 사람을 고르는 행사를 말하는데, 왕비를 뽑을 때는 초간, 재간, 삼간택이라고 해서 모두 세 번에 걸쳐 시험을 치렀지요.

간택에서 가장 중요하게 보았던 것은 집안이었지만, 후보의 수가

줄어들수록 생김새가 우아한지, 말씨나 행동이 고상하고 품위가 있는지가 중요해졌지요. 모든 과정을 통과해 최종 간택에서 뽑힌 아가씨는 혼례식을 치르기 전까지 별궁에 머물면서 왕실의 법도와 예절을 익히는 등 왕비가 되기 위한 교육을 받았어요.

 첫 번째 왕비를 사별한 영조는 새 왕비를 맞을 때 특별히 간택에 참여해 "세상에서 가장 깊은 것이 무엇이냐?"라고 질문을 했어요. 그러자 모두 산이 깊다, 물이 깊다와 같은 대답을 하는데 한 아가씨가 "인심이 가장 깊다."고 대답했어요. 물건의 깊이는 잴 수 있으나 사람의 마음은 깊이를 잴 수 없기 때문이라고 하면서 말이에요. 바로 이 아가씨가 뒷날 영조의 왕비가 된 정순 왕후로 이때 나이가 열여섯 살이었답니다.

나이가 많다고 벼슬을 받았다고?

조선 시대 사람들은 장유유서를 아주 중요하게 생각했어요. 장유유서란 '어른과 어린이 사이에는 지켜야 할 순서가 있다.'는 뜻으로, 어른을 공경해야 한다는 가르침을 담고 있지요. 이렇듯 노인을 공경하는 전통을 보여 주는 본보기로 기로소와 노인직 제도가 있어요.

기로소는 원로 대신들 가운데 70세를 넘긴 사람들을 위해 만든 관청이에요. 봄가을 두 차례에 걸쳐 원로 대신들에게 잔치를 베푸는 일을 맡아

보았지요.
 기로소에 드는 대신들은 왕으로부터 궤장이라고 하여 지팡이와 의자를 선물 받고 왕 앞에 서도 의자에 앉을 수 있는 영광을 누렸어요. 왕도 나이가 들면 기로소에 들어 원로 대신들과 함께 어울렸기 때문에 기로소에 드는 것은 가문의 영광으로 받아들여졌답니다.
 나이가 많다는 이유만으로 받던 벼슬도 있었어요. 바로 노인직이었지요. 80세가 넘으면 신분에 관계없이 받았는데, 특별한 권한은 없었어요. 다만 노인직을 받으면 쌀이나 고기 등 왕이 내린 선물을 받을 수 있었답니다.

신사임당의 무덤 곁에서 삼년상을 치른 이이

율곡 이이는 어렸을 때부터 남달리 총명해 열세 살에 진사 시험에 처음 합격한 이래 모두 아홉 번이나 과거에서 장원을 했어요. 율곡이 글을 배우고 익히는 데 큰 영향을 준 사람은 바로 어머니인 신사임당이었어요. 여성으로는 드물게 학식이 높고 그림 솜씨도 뛰어났던 신사임당은 율곡에게 직접 글과 그림을 가르쳤지요.

그런데 신사임당은 율곡이 16세 되던 해에 병을 얻어 세상을 떠나고 말았어요. 그러자 율곡은 어머니의 무덤 옆에 초막을 짓고 삼 년 동안 정성스레 시묘를 했어요. 자신의 효성이 부족해서 어머니가 돌아가셨다고 생각해 내내 거친 상복을 입고 죄인처럼 머리를 풀어헤친 채 무덤 곁을 지켰지요.

이이는 어머니의 삼년상을 치르고 나서 십 년 뒤에 다시 아버지가 돌아가셔서 시묘살이를 했어요. 그러고서 비교적 늦은 나이인 29세 때 벼슬살이를 시작했답니다.

세계가 반한 우리 문화 유산, 종묘

종묘는 역대 임금의 신위를 모셔 놓고 제사를 지내는 곳을 이르는 말이에요. 조선을 개국한 태조는 수도를 한양으로 옮긴 다음 가장 먼저 종묘와 궁궐을 지었다고 해요. 임진왜란 때는 도성 안의 궁궐과 종묘가 모두 불에 타는 수난을 당했는데, 전쟁이 끝난 후 궁궐보다 종묘를 먼저 세웠지요. 조상을 잘 받들어야 나라의 기강이 바로 서서 백성들이 나라에 충성을 다한다고 보았기 때문이에요.

이렇듯 중요한 곳이기에 종묘에서 지내는 제사는 왕이 치르던 의식 가운데 가장 격식이 높았답니다. 종묘 제례는 일 년에 다섯 번 지냈고, 나라에 중요한 일이 있거나 천재지변이 일어났을 때에는 특별 제사를 지냈어요.

종묘는 유네스코가 지정한 세계 문화 유산이기도 해요. 종묘에서 제사를 지내는 의식인 종묘 제례와 이때 연주하는 종묘 제례악도 유네스코의 '인류 구전 및 무형 유산 걸작'으로 정해져 있답니다.

서로 돕는 미풍양속, 부조

　결혼식 초대를 받아 갈 때는 축하하는 마음을 담아 축의금을 내요. 장례식장에 갈 때는 부의금을 내고요. 남에게 기쁜 일이나 슬픈 일이 생겼을 때 이렇게 정성을 표시하는 것은 우리 민족의 오랜 관습이에요. 잔칫집이나 초상집에 돈이나 물건을 보내 도와주는 것을 특히 '부조'라고 하지요.

　옛날에는 대개 돈 대신 쌀이나 옷감으로 부조를 했어요. 또 직접 일손으로 거들어 주는 경우도 많았어요. 이웃에서 누가 혼례를 치른다고 하면 잔치를 치를 집에 모여 밤새도록 신랑 신부가 입을 옷과 이부자리 등을 짓고 혼례 잔치 때 먹을 음식을 마련하곤 했지요. 슬픈 일에도 부조는 빠지지 않았어요.

친척이나 이웃 중에 누가 돌아가시면 상이 난 집을 찾아가 쌀이나 돈 그 밖에 장례를 치를 때 필요한 물건으로 부조를 했지요. 초상집에서는 장례를 치르는 삼 일 동안 환하게 불을 밝히고 밤을 새우는데, 함께 밤을 지새는 것도 부조의 한 방법이었어요. 슬픔에 잠겨 음식을 먹지 못하는 상주들을 위해 죽을 끓여다 주거나 조문을 온 사람들을 맞아 대접하는 것을 도와주는 것도 예부터 전해 오는 부조 방법이었답니다.

옛날 결혼식

옛날에는 대개 신부가 사는 집 마당에서 혼례를 치렀어요. 혼례 절차가 까다로워 예법을 잘 아는 노인이 식을 진행했고, 신랑 신부가 초례상을 사이에 두고 마주한 뒤 절을 하고 술잔을 교환해 마시면 부부가 되었음이 인정되었지요.

요즘 결혼식

요사이에는 대부분 예식장에서 혼례를 올려요. 혼례 절차가 옛날과 크게 다르지는 않지만, 신랑 신부의 친구가 사회를 보고 주례가 따로 있어 두 사람이 부부가 되었음을 선언하고 축사를 들려주지요.

옛날 장례식

옛날에는 사람이 죽으면 시신이 머무는 곳에 병풍을 쳐 놓고 제단을 차려 손님을 맞았어요. 가족들은 하얀 소복을 입었는데 초상집에서는 울음소리가 끊이지 않아야 한다고 해서 계속 소리 내어 울었어요. 이것을 곡이라고 하지요.

요즘 장례식

요사이에는 장례식장에서 장례를 치르는 경우가 많아요. 제단의 중앙에 영정 사진을 모시고 주위를 꽃으로 장식하며, 가족들은 대개 검은 상복을 입고 특별히 곡을 하지는 않아요.

옛 물건으로 만나는 우리 문화 시리즈

1권 음식 | 가마솥과 뚝배기에 담긴 우리 음식 이야기
가마솥, 조리, 장독, 시루, 뚝배기, 소쿠리, 자배기 등의 옛 물건들을 통해 우리 음식 문화의 특징을 살펴보고, 우리 음식 문화에 숨어 있는 뛰어난 지혜와 슬기를 알아보세요.

2권 명절 | 복주머니랑 그네랑 신나는 명절 이야기
복주머니, 댕기, 연등, 창포물, 절구 등의 옛 물건에는 여러 가지 이야기가 담겨 있어요. 세시풍속과 명절 음식, 명절 놀이 등을 알아보며 그 속에 배인 조상들의 멋과 풍류, 삶의 지혜를 만나 보세요.

3권 직업과 도구 | 쓱쓱 쟁기 빙글빙글 물레, 누가 쓰던 물건일까
쟁기, 물레, 풀무, 먹통, 닥돌과 닥방망이⋯⋯. 이게 다 누가 쓰던 물건일까요? 옛 장인들이 쓰던 도구를 살펴보고, 그 쓰임새와 해당 직업에 대해 알아보아요.

4권 교통과 통신 | 달구지랑 횃불이랑 옛날의 교통 통신
옛날 사람들은 어떻게 다른 고장을 오가고 소식을 주고받았을까요? 짚신, 가마, 마패, 봉화, 장승, 달구지 등을 통해 교통과 통신 수단의 발달이 우리 생활에 어떤 영향을 미쳤는지 알아봅시다.

5권 과학발명품 | 해시계랑 측우기랑 빛나는 우리 발명품
우리 겨레가 어떤 놀라운 발명품을 만들었는지, 그 발명품들을 어떻게 사용했는지 알아보고, 장영실과 최무선 같은 뛰어난 발명가들을 만나 보세요.

6권 멋 | 노리개랑 조각보랑 겨레의 멋 이야기
우리 조상들이 만든 옛 물건 가운데는 곱고 멋진 것이 참 많아요. 조상들의 뛰어난 솜씨를 살펴보고 우리 겨레의 삶 속에 숨어 있는 조상들의 멋과 정취를 만나 보아요.

7권 놀이 | 굴렁쇠랑 새총이랑 신명나는 옛날 놀이
옛날에는 골목마다 십자놀이, 자치기, 소꿉놀이, 제기차기를 하며 노는 아이들이 많았어요. 명절에는 줄다리기, 연날리기, 씨름과 그네뛰기 어른 아이 할 것 없이 신나는 놀이판이 벌어졌고요. 집 안에서 골목에서 들판에서 일 년 열두 달 펼쳐지던 재미있는 옛날 놀이들을 함께 해 보아요.

8권 풍속 | 장승과 솟대가 들려주는 우리 풍속 이야기
장승과 솟대에는 모두 깊은 뜻이 담겨 있어요. 나쁜 기운과 못된 귀신을 물리쳐 건강하고 행복하게 살고자 하는 소망이 담겨 있지요. 옛날 사람들은 액을 물리치고 복이 들어오기를 바라는 마음으로 부적을 붙이거나 굿을 하기도 했어요. 우리 겨레의 생활과 풍속에 담긴 믿음과 소망을 살펴보세요.

9권 한옥 | 마루랑 온돌이랑 신기한 한옥 이야기
우리 겨레가 살아온 한옥에는 조상들의 지혜가 숨어 있어요. 자연에 순응하며 살아가던 조상들의 소박한 삶이 숨어 있지요. 온돌, 마루, 지붕, 흙벽, 뒷간 등 한옥에 숨어 있는 옛 사람들의 삶과 지혜를 찾아보세요.

10권 생활 의례 | 청사초롱이랑 꽃상여랑 관혼상제 이야기
사람은 누구나 태어나서 어른이 돼요. 결혼해 아이를 낳기도 하고, 그러다 나이가 들면 세상과 이별을 하지요. 우리 조상들은 이처럼 삶의 중요한 때 특별한 의례를 치러 그 뜻을 기렸어요. 우리 겨레의 뜻 깊은 의례를 보며 더불어 사는 삶을 배워 보아요.

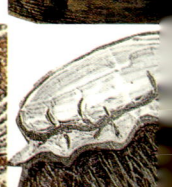